INSTITUT DE FRANCE.

ACADÉMIE DES SCIENCES MORALES ET POLITIQUES

(Séance du 7 avril 1877.)

RAPPORT VERBAL DE M. CHARLES LUCAS

À L'OCCASION DE L'HOMMAGE DE DIVERS DOCUMENTS

RELATIFS AU

PROJET DE CODE PÉNAL ITALIEN

ET A

L'ABOLITION DE LA CONTRAINTE PAR CORPS

AU NOM DE S. EXC. M. MANCINI

MINISTRE DE LA JUSTICE DU ROYAUME D'ITALIE

PARIS

LIBRAIRIE GUILLAUMIN ET Cie

14, RUE DE RICHELIEU, 14

AVRIL 1877

RAPPORT VERBAL DE M. CHARLES LUCAS

A L'OCCASION DE L'HOMMAGE DE DIVERS DOCUMENTS

RELATIFS AU

PROJET DE CODE PÉNAL ITALIEN

ET A

L'ABOLITION DE LA CONTRAINTE PAR CORPS

AU NOM DE S. EXC. M. MANCINI

MINISTRE DE LA JUSTICE DU ROYAUME D'ITALIE.

(Séance du 7 Avril 1877.)

J'ai l'honneur de faire hommage à l'Académie, au nom de l'honarable M. Mancini, ministre de la justice du royaume d'Italie, de divers documents dont les uns sont relatifs à l'abolition de la contrainte par corps en matière civile et commerciale, et les autres à la proposition d'effacer du projet de Code pénal italien la peine de mort, comme seul moyen pour l'Italie d'arriver à son unification pénale ; proposition déjà adoptée à l'unanimité par la commission de la Chambre des députés chargée de son examen, et qui va devenir prochainement l'objet des délibérations de la Chambre elle-même.

Le plus noble but auquel puisse aspirer de nos jours un homme d'État, c'est de concourir au progrès humanitaire et ce qui caractérise le progrès humanitaire, c'est surtout de venir, sans compromettre les intérêts sacrés de l'ordre social et les légitimes exigences de la sécurité publique et individuelle, accroître de jour en jour le respect de la liberté et de la vie de l'homme.

Tel est le double but auquel se rattachent les documents dont j'ai l'honneur de faire hommage à l'Académie, et qui concernent deux réformes appelées à honorer au plus haut degré le ministre qui en a pris l'initiative, le souverain éclairé au nom duquel il les propose, le Parlement auquel il demande de s'y associer par la sanction législative, et l'Italie enfin, qui devra être heureuse et fière de les inscrire dans les annales de sa civilisation.

I

ABOLITION DE LA CONTRAINTE PAR CORPS.

Les documents relatifs à l'abolition de la contrainte par corps se composent d'une intéressante statistique publiée pour éclairer les débats législatifs, et des discours prononcés par le ministre de la justice dans le cours de la discussion à la Chambre des députés du projet de loi sur la suppression de l'arrestation personnelle pour dettes civiles et commerciales.

Au témoignage des chiffres qu'indique la statistique, M. Mancini ajoute celui des faits dans ses discours, où il trace l'historique des difficultés qui paralysèrent dans plusieurs pays le mouvement progressif de cette réforme.

La France, qui peut revendiquer l'honneur de la priorité, ne parvint pas à la réaliser sans avoir à lutter contre de graves et persévérants obstacles. En suivant en France l'ordre chronologique, l'honorable M. Mancini montre d'abord l'institution de l'arrestation pour dettes « abolie, dit-il, avec une généreuse précipitation dans l'impétuosité révolutionnaire de 1793 et dans les ivresses libérales de 1848. »

Ce n'est pas ainsi que les réformes peuvent se fonder et aspirer à la stabilité. Aussi ces deux abolitions

de la contrainte par corps n'eurent-elles qu'une
courte durée. « Quand la voix calme et méditative de
« la science, dit l'éloquent ministre, demanda la sup-
« pression de la contrainte par corps après la révolu-
« tion de 1830, les Chambres de commerce et une par-
« tie de la magistrature française s'y opposèrent, et
« on regarda comme une bonne fortune la modeste loi
« du 12 avril 1832, qui ne fit que détruire les plus mons-
« trueux abus de l'institution, en la laissant toutefois de-
« bout. » Ces énergiques résistances se renouvelèrent
à l'occasion du projet de loi pour l'abolition de la contrainte par corps, présenté au Corps législatif et au Sénat en 1867. Sur quarante-deux Chambres de commerce
que possède la France, quarante et une se prononcè-
rent contre la réforme proposée. La majorité des cours
françaises opina dans le même sens, et le projet de loi
eut à triompher d'une sérieuse opposition au sein du
Corps législatif et du Sénat lui-même « où il fut com-
battu, dit M. Mancini, par le président Troplong, le
« vice-président Delangle et le président Bonjean, cette
illustre victime de la Commune.

M. Mancini rappelle qu'en Belgique la résistance à
l'abolition de la contrainte par corps fut encore plus
vive. « Mais partout, dit-il, la bataille fut gagnée, les
« sinistres prévisions tombèrent, et désormais on peut
« dire que l'Europe entière est fière de cette bien-
« faisante et morale réforme. »

Le projet de loi abolitif de la contrainte par corps,
présenté et éloquemment soutenu par l'honorable ministre Mancini, a été voté par la Chambre des députés
italiens. L'honneur d'attacher son nom à cette réforme
devait appartenir à celui qui avait fait, dès 1863 et re-
nouvelé en 1866, la proposition de la réaliser en Italie.

II

ABOLITION DE LA PEINE DE MORT.

Les documents relatifs à l'abolition de la peine de mort se rattachent au projet de Code pénal qui comprend deux parties :

La première, qui fait l'objet de cet hommage, est relative au premier livre de ce projet de Code pénal sur les peines et les crimes en général et aux procès-verbaux de la commission qui a été chargée de la révision du projet de Code pénal antérieur.

L'hommage que j'aurai l'honneur de faire ultérieurement à l'Académie concernera le second livre sur les crimes et les peines en particulier avec l'exposé des motifs du projet de Code pénal tout entier. Cet exposé sera accompagné de la publication des opinions des Cours de cassation et d'appel des barreaux près de ces Cours, ainsi que de celles de toutes les Universités du royaume et des plus célèbres professeurs de médecine légale, enfin d'un relevé sur la peine de mort de la statistiqne officielle dans ces vingt-cinq dernières années.

On voit qu'il n'est pas de projet de Code pénal qui ait encore donné lieu à d'aussi complètes informations. C'est là un utile précédent pour les études de la science, en même temps qu'un précieux ensemble de renseignements pour éclairer les débats législatifs.

J'ai cru devoir récemment, à l'occasion de ce projet de Code pénal révisé, publier une brochure qui avait pour double but d'exposer d'abord les principes de l'école pénale italienne et d'examiner ensuite les principales objections à la proposition d'effacer de ce projet de Code la peine de mort.

Mon exposé des principes de l'école pénale italienne a été l'objet, à la séance du 2 décembre, d'une communication à l'Académie, insérée dans la dernière livraison du compte-rendu de ses travaux (1).

Je n'ai pas à revenir ici sur les principes de l'école pénale italienne : car je ne veux entrer dans aucune dissertation.

Je ne crois pas même devoir produire devant l'Académie mes observations en réponse aux principales objections qu'a rencontrées la proposition abolitive dont l'honorable M. Mancini a pris l'initiative comme ministre de la justice. Le seul point de vue auquel je viens me placer ici est un point de vue historique qu'il importe d'éclaircir, afin de donner à la proposition abolitive de la peine de mort en Italie sa véritable signification, celle d'un besoin et d'un sentiment national au nom desquels elle s'impose.

Je partage l'opinion fort accréditée des criminalistes (2) qui, sans méconnaître la glorieuse initiative du grand duc de Toscane, ne voient dans l'abolition de 1781 qu'un incident de trop courte durée pour servir de véritable point de départ au mouvement abolitioniste résolu à notre époque. Les événements politiques sont venus, en effet, interrompre et violenter sans cesse dans leur cours l'abolition de 1781, qui n'a conquis qu'à partir de 1859, la garantie de sa stabilité, et par conséquent l'autorité décisive d'un précédent sérieux;

(1) Tome CVII de la collection, février 1877, page 321. La brochure entière a été insérée dans la *Revue critique de législation.*

(2) Voir la citation de ces criminalistes, page 27 de la brochure *Sur la peine de mort au* XIXᵉ *siècle,* publiée par Mˡˡᵉ de Sellon, la fille du célèbre philanthrope de Genève, oncle de l'illustre Cavour. — Guillaumin, éditeur, mars 1877.

mais il n'en est pas moins vrai que dans l'ordre chronologique l'Italie a le droit de réclamer le mérite de la priorité dans ce mouvement abolitioniste, qui a pris en Europe à notre époque une extension si considérable parmi les petits États et les États secondaires.

Il ne faut pas croire toutefois que la proposition d'effacer la peine de mort du projet de Code pénal ait pour unique, ou même pour principal mobile la généreuse ambition d'appeler l'Italie, qui prit dans le siècle dernier, en Toscane, l'initiative de l'abolition de la peine de mort dans les petits états, à en prendre aujourd'hui une autre d'une plus haute portée parmi les grands États. Il est une nécessité politique qui parle plus haut que cette noble ambition. L'Italie, sous l'empire des trois codes pénaux qui la régissent, est impatiente d'arriver à l'unification pénale que réclame son unité politique ; mais, pour la réaliser, elle est dans l'alternative soit de relever l'échafaud en Toscane, soit d'en généraliser la suppression dans tout le royaume.

C'est cette seconde mesure que vota, sur la proposition de M. Mancini, à une grande majorité, la Chambre élective en 1865 ; mais le Sénat maintint le *statu quo*. Depuis 1865 plusieurs projet de codification s'étaient successivement élaborés ; et les nouvelles annexions réalisées par l'Italie lui faisaient de plus en plus sentir l'impérieux besoin de son unification pénale, lorsque l'honorable M. Vigliani, ministre de la justice, présenta, en février 1874, un projet de Code pénal unique. Mais, contrairement au vote de la Chambre élective en 1865, c'était par le rétablissement de l'échafaud en Toscane qu'il proposait de réaliser l'unification pénale.

Loin de méconnaître dans son exposé des motifs l'heureuse expérience de l'abolition de la peine de mort en Toscane, il y déclarait loyalement que ce n'était pas pour le besoin de la répression, mais uniquement pour celui de l'unification pénale qu'il voulait relever l'échafaud en Toscane sans calculer sans doute la portée d'un pareil aveu. C'était, en effet, sortir de la théorie des peines pour revenir à celle des sacrifices humains en faisant de l'homme une chose et en assimilant à celle de son champ la propriété de sa vie, dont on pouvait l'exproprier dans un intérêt qui n'était plus celui d'une nécessité absolue de la sécurité publique et individuelle, en un mot hors du cas collectif ou personnel de la légitime défense.

Il s'autorisait dans cet exposé des motifs, du précédent germanique par lequel, après Sadowa, la Prusse, pour réaliser l'unification pénale dans la Confédération du Nord, avait proposé au Parlement fédéral de rétablir la peine de mort dans quatre États confédérés qui tenaient à honneur de poursuivre l'heureuse expérience de son abolition, proposition que ce Parlement avait votée. L'honorable ministre avait omis de mentionner dans cet exposé un fait qui ne permettait guère d'invoquer l'autorité de ce précédent, celui de la réprobation que cette proposition souleva en Allemagne et dans le Parlement fédéral lui-même. Le Parlement fédéral avait, en effet, à la seconde lecture, repoussé, à une imposante majorité, cette proposition qui, malgré l'influence puissante du chancelier fédéral, n'obtint, à la troisième lecture, qu'une majorité de cinq voix (1).

(1) J'ai cité dans *la peine de mort et l'unification pénale en Italie*, page 7, l'honorable et persévérante résistance au sacrifice du respect de la vie humaine à l'unification pénale, d'un grand nombre de

Adversaire publiquement et énergiquement déclaré de ce rétablissement de la peine de mort en Toscane, je ne pouvais m'attendre à être prié par M. Vigliani de me charger moi-même de faire hommage en son nom de son projet de Code pénal à l'Académie, et je conserverai toujours un reconnaissant souvenir du loyal appel qu'il fit à la liberté d'examen et de contradiction dont nous usâmes respectivemeut par un échange d'observations qui devinrent l'objet de communications à l'Académie et furent livrées par la publicité à l'appréciation de l'opinion publique.

M. Vigliani, qui ne se dissimulait pas l'impopularité de son projet dans le pays, et surtout dans la Chambre des députés dont les sympathies étaient acquises à la motion votée en 1865, crut devoir le présenter d'abord le 24 février 1874 au Sénat, où cette motion de 1865 n'avait obtenu que quatre voix d'adhésion. Il espérait que son projet de Code pénal sortirait des délibérations du Sénat avec l'autorité d'un vote presque unanime qui justifierait sa présentation à la Chambre des députés et modifierait l'opposition qu'il devait y [rencontrer.

Mais la situation, en 1874, n'était plus la même qu'en 1865, le mouvement abolitioniste avait fait des progrès inattendus par la suppression successive de la peine de mort dans la principauté de Roumanie, dans les royaumes de Portugal, de Saxe, des Pays-Bas, dans plusieurs cantons de la Suisse et finalement dans la Confédération hélvétique tout entière. [Ces précédents

criminalistes au sein du Parlement fédéral, et notamment la fermeté de caractère dont fit preuve l'éloquent chef du parti national libéral, M. Lasker.

avaient d'autant plus de valeur que, dans la plupart de ces États, l'abolition de fait avait précédé celle de droit pendant un temps plus ou moins prolongé, et le résultat de la seconde avait continué et confirmé celui de la première. L'argument de l'intimidation avait donc perdu beaucoup de son crédit dans le Sénat. Aussi, à la grande surprise de l'honorable M. Vigliani, son projet ne fut admis qu'à la majorité d'une seule voix par la commission sénatoriale chargée de son examen, et il rencontra dans le Sénat une vive opposition et la minorité imposante pour son rejet, sur 109 votants, de quarante et un membres parmi lesquels on comptait six anciens ministres de la justice et quatorze sénateurs appartenant à la haute magistrature.

Le vote du Sénat, pour le rétablissement de l'échafaud en Toscane, fut suivi dans cette province des protestations des Conseils provinciaux et municipaux, et de meetings qui s'organisèrent dans toutes les villes principales pour pétitionner à la Chambre élective. Ce vote fut accueilli par un sentiment de réprobation dans toute l'Italie, blessée qu'on la fît ainsi rétrograder dans la marche de sa civilisation. On ne pouvait persuader à l'Italie que l'abolition de la peine de mort, pratiquée depuis si longtemps, et avec succès dans l'une de ses plus belles provinces par deux millions cinq cent mille âmes qui forment le dixième de la population italienne, ne pût s'étendre aux autres neuf dixièmes de ses habitants, réputés incapables de participer à cette grande réforme de civilisation chrétienne.

Le projet voté par le Sénat fut rejeté à une grande majorité par la commission de la Chambre des députés chargée de son examen, et la Chambre se préparait elle-même à le repousser, lorsque le 18 mars 1876, par suite de la retraite du cabinet dont M. Minghetti était l'illustre chef, M. Vigliani fut remplacé au ministère de la justice par M. Mancini.

L'éloquent promoteur de la motion de 1865 était appelé, par ses précédents et ses convictions, à tenir une conduite différente de celle de M. Vigliani ; mais alors même qu'il en eût été autrement, le successeur de M. Vigliani, quel qu'il fût, ne pouvait persévérer dans les-mêmes errements. Des deux voies ouvertes à l'Italie pour procéder à son unification pénale , celle dans laquelle s'était imprudemment engagé M. Vigliani se trouvait irrévocablement condamnée par la triste expérience qu'on tenait d'en faire.

Il était impossible de songer désormais au rétablissement de l'échafaud en Toscanne, lorsque ce projet venait de rencontrer tant d'opposition dans le Sénat, tant d'impopularité dans le pays et un échec dans la commission d'examen de la Chambre des députés, symptôme assez significatif de l'invincible répulsion qui l'attendait au sein de la Chambre elle-même.

La situation imposait donc au nouveau ministre de la justice pour arriver à l'Unification pénale la voie opposée à celle qu'avait suivie M. Vigliani. Bientôt, il est vrai, survint la dissolution de la Chambre, des députés ; mais la Chambre nouvelle qui se réunit en novembre, montra dès le mois suivant une opposition plus accentuée encore que la précédente au projet de M. Vigliani. La commission qu'elle avait chargée d'examiner le nouveau projet de Code pénal dont M. Mancini avait effacé la peine de mort, accueillit cette disposition par un vote unanime. La discussion va prochainement s'ouvrir devant la chambre des députés et le vote de l'abolition de la peine de mort ne paraît pas douteux ; car l'Italie veut sans retard son unification pénale et il n'y a pas d'autre moyen d'y parvenir.

Toutefois l'opinion qui désirerait la prolongation du *statu quo* compte encore quelques partisans depuis surtout les faits récents qui ont appelé l'attention sur le brigandage en Sicile. Ils reconnaisseut volontiers qu'il n'y a plus désormais à revenir sur le fait accompli en Toscane ; mais si, d'une part, l'unification pénale ne paraît pas réalisable par le rétablissement de l'échafaud en Toscane, ils n'admettent pas d'autre part qu'elle puisse se réaliser par la suppression de la peine de mort en Sicile.

Il y a là deux fait d'un ordre bien différent, celui que présente la Toscane est un progrès de civilisation qu'il faut respecter et étendre ; celui qui se produit en Sicile est un reste de barbarie qu'il faut combattre et détruire. La cause du progrès ne doit pas être sacrifiée à celle de la barbarie. Il faut travailler au développement de l'une en même temps qu'à l'extinction de l'autre. Il importe de ne pas confondre ce que l'Italie se doit à elle-même, avec ce qu'elle doit à la situation insulaire et exceptionnelle de la Sicile.

Ce que l'Italie doit à la Sicile, cette intéressante contrée dont l'état présent est le produit de plusieurs causes accumulées dans les siècles passés, c'est de s'efforcer d'obtenir que son état moral perde de jour en jour la funeste empreinte de ces temps passés et sous l'influence bienfaisante des lumières de la civilisation moderne, vienne à réfléter un jour la sérénité du beau ciel qui l'éclaire. J'ai déjà indiqué ailleurs (1) que la

___

(1) *L'école pénale italienne et ses principes fondamentaux.*

question de la Sicile n'était pas une question d'ordre pénal, se rattachant à la peine de mort, mais d'ordre social, et je n'ai pas à revenir ici sur ce que j'ai dit à cet égard. J'ajouterai que c'est surtout une œuvre de civilisation qui, à côté des mesures énergiques et exceptionnelles qu'exige la sécurité du présent, doit préparer l'amélioration de l'avenir par la création des institutions d'assistance physique, intellectuelle et morale, par l'ouverture des voies de communication, par tout ce qui contribue dans un pays au développement de sa richesse et de sa moralité.

Voilà ce que l'Italie doit à la Sicile : Voici maintenant ce qu'elle se doit à elle-même. C'est d'obéir au mouvement progressif de sa civilisation ; c'est de ne pas la condamner à rester stationnaire jusqu'au moment où la Sicile attardée aurait pu la rejoindre. Sa mission est de marcher en avant et de devenir pour la Sicile un utile et bienfaisant remorqueur à travers les courants opposés des temps passés pour voguer ainsi toujours unies vers l'avenir réservé à leurs communes destinées.

L'Europe sera attentive aux graves débats qui vont s'ouvrir à la Chambre des députés italiens ; car il s'agit ici de l'une de ces grandes réformes de civilisation chrétienne qui imposent silence aux passions politiques et offrent un terrain neutre où les hommes de tous les partis peuvent discuter leurs opinions, échanger leurs idées et motiver leurs votes sous la bannière pacifique de la science qui commande de respecter toutes les convictions. Ce jour-là les rangs de tous les partis politiques doivent être confondus, ainsi que j'en citerai deux exemples entre plusieurs, celui d'abord de la France où, à l'occasion de la discussion du projet de loi sur la réforme pénitentiaire en 1846, le ministre qui l'avait proposé trouva ses principaux auxiliaires sur les bancs de l'opposition et ses adversaires les plus prononcés sur les bancs ministériels.

L'autre exemple plus remarquable encore est celui de la Belgique où deux grands partis, le parti libéral et le parti catholique se disputent, comme on le sait, l'influence politique et parlementaire. L'abolition de fait de la peine de mort est due surtout au parti libéral et remonte à l'administration de M. Bara comme ministre de la justice. Or, c'est un ministre du parti catholique, M. Landsheere, qui repoussant récemment, à l'occasion de la discussion du budget, les attaques dirigées par ses propres amis contre la prolongation de cette abolition de fait, a déclaré avec l'accent d'une éloquente et noble conviction qu'il donnerait sa démission plutôt que de proposer à la signature du roi un arrêt de mort.

Un pareil langage ne saurait donner qu'une haute idée du ministre qui l'a tenu et de la cause qui le lui a inspiré.

Un savant correspondant de cette Académie, M. Thonissen, qui siège dans la Chambre des députés belges sur les bancs du parti catholique, n'a pas hésité dans cette circonstance comme dans toutes les occasions précédentes à se séparer de ses amis politiques pour rester fidèle à sa conviction abolitioniste.

Tel est aussi assurément le spectacle que donnera la Chambre des députés italiens à l'Europe savante, celui d'une grande assemblée qui, le jour où se discute dans son sein l'une de ces hautes questions qui tiennent au perfectionnement moral de l'humanité, écarte les tiraillement de la politique militante pour procéder avec calme à l'examen et à la solulion de l'un de ces graves problèmes auxquels se rattache le progrès de l'esprit humain.

C'est à l'Italie sur laquelle se portent en ce moment les regards du monde civilisé, à répondre à son attente ; C'est à l'Italie qui a pris en Toscane l'initiative de l'abolition de la peine de mort parmi les petits États, qu'il appartient une fois de plus d'avoir le mérite de la priorité, en donnant elle-même l'exemple d'étendre cette abolition aux grands États ; c'est à l'Italie enfin d'enlever aux adversaires de cette réforme civilisatrice le dernier retranchement où se réfugie leur inconséquente incrédulité, car n'est-ce pas aller au rebours de la logique et du bon sens, de croire que les États qui sont les plus forts au dehors pour défendre leur indépendance nationale, doivent être les plus faibles au-dedans pour sauvegarder la sécurité publique et individuelle et qu'eux seuls entre tous ne peuvent se passer de la protection du bourreau !

EXTRAIT DU COMPTE-RENDU

De l'Académie des Sciences morales et politiques,

RÉDIGE PAR M. Ch. VERGÉ

Sous la direction de M. le Secretaire perpétuel de l'Académie.

Orléans. — Imp. Ernest COLAS